만 개의 골목

국립중앙도서관 출판예정도서목록(CIP)

만 개의 골목 : 유성임 시집 / 지은이 : 유성임. -- 서울 :
詩와에세이, 2015
136P. : 127×206㎝

ISBN 979-11-86111-14-7 03810 : ₩8000

한국 현대시[韓國現代詩]

811.7-KDC6
895.715-DDC23　　　　　　　　　　CIP2015030397

만 개의 골목

유성임 시집

詩와에세이

2015

시인의 말

잡히지 않는

바람의 조각을 기웠다

그 시간은

나에게 인디언 썸머의 날들이었다

                                          2015년 늦가을
                                              유성임

차례__

시인의 말 · 05

제1부

이스탄불 대합실 의자 · 13
편두통의 공식 · 14
만 개의 골목 · 16
Sale 마네킹 · 18
멀고 먼 앞집 · 20
N16 심야버스 · 22
레일의 법칙 · 24
광장 · 26
그때 · 27
천장의 집 · 28
곰배령 가는 길 · 30
포스트 잇 1 · 31
한 잔의 값 · 32
장미꽃 접시 · 34
솟대 · 36

제2부

감정을 비비다 · 41
물품 보관함 · 42
배심원 · 44
원산지 본인 · 46
비닐봉지 · 48
미싱사의 꿈 · 50
카지노 · 52
운주사 와불 · 54
겨울 한강 · 55
커피 컵 · 56
손금 · 57
해바라기 무덤 · 58
포스트 잇 2 · 59
철길의 공식 · 60
행인 1, 행인 2 · 62
담배 · 64
옷걸이 · 65

제3부

과메기 덕장 · 69
돌의 시간 · 70
지퍼 · 72
몸을 풀다 · 74
비누 · 76
파도막이 · 77
또 다른 시작 · 78
달걀 · 80
카페, 길들여지기 · 82
침묵 · 84
토끼도 포수도 떠난 뒤 · 85
중형(中形)과 중형(重刑) · 86
허허허 · 87
엄마가 음매 하면 아기도 음매 한다 · 88
찬밥 · 90

제4부

노모(老母) · 95
바닥 · 96
위층 · 97
쓸쓸한 문상 · 98
역전 카바레 · 100
뒷모습 · 102
신발 · 103
뭐야 · 104
소리 ON · 106
부부 · 107
땅끝마을 유선관 · 108
장애물 · 110
특실문상 · 112
양은주전자 · 113
슬픈 풍경 · 114
스테이플러 · 116

해설 · 117

제1부

이스탄불 대합실 의자

먼로를 만났다
이스탄불 국내선 대합실에 혼자 앉아있었다
한눈에 알아본 그녀
매력인 금발과 하얀 이가 눈부셨다
누가 그녀를 이곳에 두었는지
언제부터 혼자 있었는지 창밖은 막 어둠이 걷히고
밤새 누군가의 가슴을 달래주었을 그녀는
여독에 지친 이방인에게 환한 웃음을 보내주었다
그렇게 그녀를 바라보기는 처음이었다
보딩 준비를 알리는 스피커소리에
몇 걸음 걷다 뒤를 돌아보았다
텅 빈 대합실 차가운 의자,
반쯤 졸고 있는 조명 아래
가슴을 훤히 드러낸 먼로가 웃고 있었다
플레이보이 표지를 붙잡고 그녀는 아직 살아있었다

편두통의 공식

놈은 교묘하게 한쪽만 공격한다
나는 집중한다 진행 중인 통증에,

고개를 한쪽으로 기울이면 통증도 기울어진다
오른쪽은 놈이 즐기는 각도, 집요한 공격을 무시할 순 없을까
습관처럼 진통제를 투여한다
이 방법은 진부하다 새로운 공식을 찾아야 한다
놈은 오늘의 스케줄과 예약된 내일까지 무너뜨릴 것이다
빤한 결말에 알약과 물 한 컵을 몸에 붓는다

주렁주렁 매달린,
이 통증의 낙과 시기는 언제일까
움켜쥔 밤하늘과 물어뜯긴 잠 이지러진 달과 벌레 먹은 사과와 흔들리는 생각의 가지들…
지난밤 벽을 찧던 오른쪽이 부어있다
머리를 떼어 필터를 털어내듯 흔들어본다

일방적인 한 방향, 지나친 편애에 남은 한쪽이 불안하다

만 개의 골목

모로코의 옛 수도 페스
길의 혈관들, 만 개의 핏줄로 뻗어있었다
간간이 스쳐가는 나귀 등에 아비와 아들이 앉아있고
어미는 나귀의 끈을 잡고 느릿느릿 미로의 끝을 향해 가고 있었다
붉은 양귀비가 바람에 흔들리는 날이었다

하늘이 푸른 물빛 같아, 나귀의 출렁거림도 누추한 가난마저도
선명한 풍경이 되는 곳
어깨를 스치듯 그렇게 이방의 시간은 곁을 지나갔다

아련한 아잔*소리와 함께 날아온 염색공장의 가죽 냄새
문득, 끈을 붙잡은 여인의 손가락이 떠올랐다
악취에 물든 가업이 골목을 붙잡고 그들은 이곳에서 늙었다
눈에 보이는 것이 전부인 곳, 기울어진 생의 각도는
만 개의 뿌리를 가진 골목으로 휘어있었다

이 협곡으로 급류처럼 흘러간 시간들
골목에서 태어난 사람들은
시작과 끝이 없는 미로에 갇혀 늙어갔다

길잡이를 따라 정신없이 그곳을 빠져나와 뒤돌아보니
입구와 출구는 사라지고 없었다

* 이슬람에서 예배시간을 알리는 소리

Sale 마네킹

계절이 세일에 들어갔다
뜨겁다 못해 따가운 날씨
계절을 추월한 여름 같은 봄날
바람의 속지에는 알 수 없는 바코드가 적혀있다
과속으로 치닫는 기온에 재빨리 재고를 처분하는 마네킹들
봄을 떨이하는 세일을 목에 걸고 서 있다

유행을 판매하는 마네킹들
봄은 그녀들이 추천하는 패션에 길들여진다
철 지난 계절을 사는 것은 가계부들의 전략이다

부드러운 봄바람과 남아있는 목련의 화사함을 앞세운
마네킹의 판매전략
판매대에 널린 봄이 뒤섞인다
반값으로 처분된 계절은 쇼핑백에 담겨 사라지고
성급한 여름은 수영복을 걸치고 포즈를 잡고 있다

화려한 쇼윈도를 들여다보는 우리는 거리의 마네킹

이 도시에는 세일 가격을 달고 배회하는 사람이 늘어난다
저 노숙의 목에는 몇 벌의 내일이 남아있을까
반값으로 할인된 사내가
떨이해버린 시간을 채워달라고 엉거주춤 두 손을 내민다

멀고 먼 앞집

현관문이 요란하다
하수구 해동반점 현대슈퍼 인테리어 열쇠집 태권도 영어학원…

다정히 팔짱을 끼고 들어온 앞집 남녀
밤마다 거실을 뒹구는 소리에 창문이 화끈거렸다
얼마 뒤 남자의 고함이 우리집 벽을 쿵쿵 치더니
집이 꾹 입을 닫았다

벚꽃이 지고
또 누군가 이사를 오는지
최신형 벨과 번호 키로 현관이 단장을 했다

새로운 식구들이 입주를 하고 깔깔깔 둘러앉은 소리가
창밖 벚나무 가지를 흔들었다
눈인사가 조금 익숙해질 무렵 아이의 울음이 거실로 뛰어들었다
다음날 아침 웬일인지 조용한 동네가 발칵 뒤집혔다

한동안 물러섰던 정적이
스티커 위에 덕지덕지 달라붙었다

차 한잔 하실래요? 놀러오세요
눈이 큰 여자가 건네주던
벚꽃처럼 화사하던 그 말은 어느 날 낙화가 되어 바닥에
뒹굴었다

차가운 콘크리트 닭장에 칸칸이 불이 켜져도
다시 어둠으로 가라앉은,

멀고 먼 앞집

N16 심야버스

낯선 노선 하나
수없이 타고 내린 버스정류장 표시판
한 번도 본 적 없는 노선에 붉은 표시등만 깜박거린다
어둠이 몰려오고 홀로 남은 귀가가 휘청거린다
도착할 시간은 정확하게 알리지만
언제나 종료만을 알렸다 N16
자정에서 새벽 5시, 40분 간격으로
온수동과 도봉구를 이어주는 올빼미 버스
거리를 누비던 수많은 노선들이 잠든 시간
누군가의 취기를 싣고 막차를 놓친 불안을 안고
밤거리를 질주한다

심야에 남편이 타고 온 버스
늦은 귀가를 내려놓고
다음 목적지로 사라졌다

하루를 먼저 시작하는 버스 안
엇갈리는 출근과 퇴근이 타고 있다

깊은 밤 N16은 대낮의 시간이다

레일의 법칙

아직 살아있다
한 번도 기차가 지나가는걸 보지 못했지만
길은 어디론가 진행 중이다

길은 끈질기고 악착스럽다
어둠조차 밀고 달린다
휘어지고 교차하며 가로막는 것도 씽씽 관통하며 달린다
산의 내장까지 파헤치고 그 속을 드나든다

잡초에 묻히면 길은 녹이 슬었다
힘찬 박동이 멈추고 고철이 되어버린
기차는 쇳덩이에 불과했다

끝이 보이지 않는 레일, 긴 다리를 의지한 채
들판을 지나고 터널을 통과하고 모퉁이를 돌아오는 동안
무엇을 보고 어떤 생각을 했을까

수많은 바퀴를 받아내는 철길은 마찰로 반짝거린다

그들의 공식대로 길은 속도를 위해 존재한다

바람의 길,
수많은 허공의 레일들
허공을 밀고 가는 바람의 속도가 쾌속이다
길 위에 또 다른 길이 있다

광장

외투도 버거운 날
텅 빈 역 광장
빈 바닥을 분주히 쪼아대는
비둘기떼만 자리를 잡았다

오늘도 갈 곳을 놓친 사람들
역사 지붕 위로 넘어가는
마지막 햇살 한 줌을 따라
벽을 등지고 서 있다

서서히 광장에 어둠이 내린다
어디든 하룻밤을 찾아 떠나야 하는 저 겨울 노숙들

어깨를 기댄 틈 사이로 찬바람이
매섭게 파고든다

그때

그 모퉁이 돌았더라면
하루를 일 년처럼 살지 않았을 텐데

조금만 일찍 깨달았더라면
이성과 감성을 구별하고
추억이라는 시간에서도 서성이지 않았을 텐데

멈추지 말고 길을 떠났더라면
땅을 보고 걷지 않았을 텐데

먼지 날리던 날
그제서 깨달았다
미래의 설렘보다 두고 온 지난 시간에서
벗어나지 못하고 있다는걸

천장의 집

눈이 마주쳤다
그는 내 머리 위에 살고 있었다
수없이 오르내리며 나를 관찰하는 동안
나의 반경으로 가끔 알 수 없는 누군가의 흔적이 나를 다녀갔다
정수리와 목에 달라붙는 끈적거리는 예감들

가느다란 줄을 타고 내려온 밤손님
오래전 엄마가 말했다 밤 거미는 근심 거미라고
나는 파리채로 거미를 담아 창문으로 던져버렸다
아직 생기지 않은 근심과 함께,

거미가 외출한 틈으로 빗자루를 넣어 집을 허물었다
그가 집중한 시간은 소리 없이 무너졌다
돌아온 거미는 몸속에 쌓아둔 설계도면을 꺼내
방충망과 외벽 사이에 보란 듯 펼쳐놓았다

이제 내가 그를 간섭할 차례,

오늘 식사는 거미줄에 차려놓은 빗방울
바람이 불 때면 나를 의식한 듯
바람 타는 묘기를 보여주는 거미
우리는 그렇게 서로의 거리에서 바라보았다

며칠째 비어있는 거미집
어디로 갔을까
천적이 없어진 그 자리 매미가 시끄럽게 울고 있다
그렇게 또 여름이 가고 있다

곰배령 가는 길

 첫서리로 일찍 세수를 마친 들꽃 위로 소슬한 바람이 지나간다 낯선 이를 경계하며 겨울 준비를 하는 다람쥐, 가을을 이고 있는 너와집 우체통, 산골 마지막 집 장독대에는 지난여름에 담근 장아찌 항아리를 닦고 있는 아낙, 그 앞을 지나 개울가에 다다르면 개울물은 좌우로 골을 이루며 교환창(唱)으로 화답하며 흐른다 높지도 가파르지도 않은 길을 오르다 보면 어느새 곰배령 정상, 야생화 밭은 이미 파장 난 상태로 나그네를 맞이한다 간간이 수줍듯 피어난 들꽃이 눈에 띄고 바다에서 밀려온 구름은 또 다른 설악의 능선을 넘어가고 있다 구월의 볕이 머리 위로 쏟아지고 파란 하늘 아래 곰배령은 조용히 가을을 안아주고 있다

포스트 잇 1

머리 회전이 둔해졌다
휴대폰 노래방 인터넷을 가까이하면서
외울 수 있는 전화번호는 몇 개
이름은 물론 토씨 하나 안 틀리고 부르던 노래가 언제였
는지

내일 할 일, 나비 날개 위에 기억을 얹어놓는다

냉장고, 현관 입구, 싱크대 나의 동선을 따라 봄나들이 나
온 나비
나의 기억처럼 추락한 날개는 바닥에 엎드려 파닥인다
조용하다 오늘도 친구의 전화를 받고서
이미 먼 곳으로 달아난 안갯속 기억을 헤집어본다
이번엔 접착력 좋은 메모지를 문지르고 또 문지른다
기능성 기억력에 마술을 걸듯

한 잔의 값

중3 때 쓴맛과 단맛을 알았다
미제 봉지 알갱이의 깊은 맛도 모른 채
입시가 끝나고 눌려있던 호기심이 고개를 들었다
어두운 조명 자욱한 담배 연기 고막을 찢는 스피커의 반란
LP판을 틀어주던 디제이
그 다방에서 마셨던 달콤한 맛과 구수한 향이 나에겐 전부였다
졸업을 하고 당당하게 들어간 커피숍, 처음 시킨 비엔나 커피
설탕도 스푼도 없이 거품 가득한 잔을 보며 난감했던 시절
눈치껏 사람들을 따라 마셨다

식사 값을 훌쩍 넘은 커피
커피의 맛과 아픔을 알았을 때
허한 가슴도 안았다
낯선 휴게소 쌉쌀한 맛과 향기를 느끼며 마셨던
에스프레소 한잔
모로코 여행을 마치고 스페인으로 돌아가는 버스

가난을 벗어나기 위해 그 버스 밑으로 숨어들다
혼쭐이 난 어느 청년의 슬픈 눈망울이 담겨있다
단돈 몇 푼에 팔려 종일 커피콩을 따는
아이들을 TV에서 보았다
그것은 하얀 커피 잔에 겉도는 검은 눈물이었다

한 잔의 커피를 마시면서 시를 쓴다
아픔 사랑 감동이란 미세한 맛들을 찾기 위해
오감을 긴장시킨다

장미꽃 접시

접시를 닦으며 행복했던 여자가 있었다
꽃잎을 부드럽게 쓰다듬던 그 젖은 손을
한 번도 본 적은 없지만
이 빠진 접시가 활짝 웃고 있는 것을 보면
여자의 표정을 알 수 있었다

그 자리에서 또 다른 여자가 같은 접시를 닦는다

제기(祭器)보다는 장미꽃 접시가 더 어울리는 여자를 위해
 실금 간 접시가 제사상 맨 앞줄을 장식한다

쉰 넘은 며느리 매년 접시를 닦는 날
주방에 울긋불긋 꽃이 핀다

써보지도 못하고 차곡차곡 쟁여둔
애지중지 아끼던 꽃 접시

불혹에 금이 간 시어머니를 다시 이어 붙이지 못했다

솟대

저 익숙한 기다림
긴 막대에 얹힌 외다리 허공에 서 있다
무리지어 사는 솟대 가족 틈에서도 언제나 혼자다
하늘 여행을 떠난 이들은 다시 돌아오지 않는다

베란다 발밑은 밝은 세상이다
그 틈에서 무리지어 사는 솟대들
어둠이 병풍처럼 내 등 뒤로 펼쳐지고
몰입한 눈동자는 불빛을 좇는다
어둠 속에 잠든 집
하나, 둘 자동키 누르는 소리가 들린다

옆 동 어르신이 며칠째 안 보인다
창은 입을 닫고 있었다
이른 아침 119차량이 아파트 마당에 서 있다
엘리베이터에서 나오는 시신 한 구
마지막 떠나는 길 외다리 솟대가 부러져
나락으로 떨어졌다

아침 햇살이 구름 뒤로 숨어버렸다

TV에서는 고독사에 관한 노인의 단면이 흘러나온다
허공 속으로 말들이 날아다닌다

제2부

감정을 비비다

꽁보리밥 한 양푼 나물도 없이 고추장에 비볐다
깔깔한 보리 한 숟갈 입안에 겉돈다
라디오에 흘러나오는 슬픈 노래를 고명처럼 얹어먹는다
가사를 음미하듯 보리 한 톨씩 잘근잘근 씹는다
질긴 어느 날의 기억이 양푼으로 뛰어들고
감정과 밥이 엉켜버렸다
티슈로 입을 닦았다 흔적을 지운다
그러나 이 사이에 낀 보리 한 톨
음악에 또다시 밥을 비벼도 입안에서 겉돌고
슬픈 노래는 종일 마음을 두드린다
설거지통에 담긴 고추장 묻은 양푼
박동은 아직 뛰고 있다

물품 보관함

언제나 타인의 세계만을 바라본다
비우고 채움을 반복하는 그는
은밀한 속내가 들어와도 다 받아들인다
위험한 물건도 가리지 않는 대신
금전을 지불한 대가로 비밀을 보장한다
잠시 머물다 가는 것들에게 미련은 없다

거주지는 지하철역
장기와 단기의 보관함, 길목에 서서 누군가를 기다린다
그는 입이 무겁지만
세상은 그를 믿지 못해
고가의 물건은 맡기지 않는다

옆 칸에 무엇이 들어왔는지 언제 나가는지 다만
타인의 표정으로 짐작할 뿐
조심히 다루거나, 짐짝처럼 부릴 때 물건의 가치를 어림한다

그는 비밀번호를 달고
지나가는 사람들을 바라본다
아무리 배가 고파도 구걸하지 않으며 그저 기다릴 뿐이다

배심원

법원에서
낯선 우편물 하나 배달되었다
세금이 밀렸나, 뭘 위반했나
오만가지 생각이 스친다
0월 0일 0시 00배심원으로 나오란다
궁금한 세상 호기심이 발동하다, 이내
마음을 접었다

오늘 아침도 아이들에게 큰소리쳐서 소란죄를 지었고
출근하는 남편에게 수고하란 말 대신
돈 많이 벌어오라는 속마음이 앞섰던 망언죄
친구들과 웃고 떠들다 자존심 싸움에
없던 말도 꾸며대던 기어죄(綺語罪)
언제나 나와 타협하는 묵인죄

보이지 않는 죄를 가진 내가 누구의 죄를 물어볼까
태연히 배심원으로 앉아있는 나에게
그들이 나의 죄를 되물어볼 것 같아

기타 사유란에 불참의 사유를 적어 되돌려보냈다

나의 죄가 들통 날까 봐
가장 빠른 등기로

원산지 본인

콩이며 말린 나물을 펼쳐놓은 좌판
가을이 널려있다
어머니 같아서 지갑을 열고
분명 농사를 지은 것이라 믿고 사고
국내산일 것이라고 깎지도 못한 채
물건을 사오던 어느 날
믿고 사온 물건은 수입산이었다
언제부턴가 믿음이 깨지고 여간해서 좌판을 이용하지 않는다

가을로 접어든 절 입구
봄부터 수확한 온갖 나물들이 유혹한다
그중 나의 눈길을 끌고 있는 할머니
돌아가는 길에 꼭 들려보리라
딸아이 이 많은 좌판 중 어느 할머니냐고 묻는 말에
"원산지 본인"이라고 쓴 작은 푯말을 찾으면 된다고 일렀다

수입산도 국내산도 아닌
자신이 원산지가 되어
자신 있게 내놓은 그 믿음을 산다

비닐봉지

   못이나 모서리에 매달린 검은 봉지
   사람들은 그의 머리채를 잡거나 몸통을 낚아채며 한 장씩 뜯어낸다

   그들이 태어나기 전 새끼줄이
   간고등어 한 손과 연탄 한 장 얼음 한 덩이 매달거나 계란 한 줄 감싸 안았다

   이제는 플라스틱 시대
   비린내 나는 생선과 비계 낀 고깃덩어리 둘둘 말려 장바구니에 담긴다
   그중 만능 주머니
   속내를 드러내지 않는 검은 봉지는 내용물을 감추고 냄새나는 치부도 묶을 수 있다

   냉동실 구석 언제 그곳에 있었는지
   무엇을 담고 있는지도

도둑이 훔쳐갈까 패물을 봉지에 담았다가
대청소와 함께 쓸려간 결혼반지

오늘도 여러 봉지가 외출을 한다
봉지도 봉지 나름
어머니는 쇼핑백에 나는 슬리퍼를 사서 봉지에 담는다

미싱사의 꿈

거실 커튼은 숲을 향한 통로였다

비좁아 볕도 들어설 수 없는 지하 공간
자신의 숲을 만들던 미싱사는
커튼 위에 꿈을 수놓았다
바람에 흔들리는 나뭇가지에
그녀는 새들의 노래를 매달아 놓았다
얼굴이 누렇게 뜬 여자는
미싱 페달을 밟으며 드넓은 초원을 달려갔다
노루발에 물려 커튼이 완성되던 날
현기증이 나는 햇살이 쏟아지고
퉁퉁 부은 다리는 숲을 들고 걸어 나왔다

매미가 뜨겁게 울던 어느 골목길 담장
서너 무리의 사람들 벽을 등진 채
지하 공간에서 묻어온 공기를 털어낸다
손바닥만한 창문 틈으로
페달을 밟는 소리가 지상으로 올라온다

그곳에서 또 누군가 숲을 짓고 있을 것이다

카지노

　55번 고속도로를 벗어나면 정선의 아라리 고장
　조국을 위해 부르던 구슬픈 아리랑은
　50년 넘은 지금
　북적이던 폐광은 사라지고 카지노장이 들어섰다
　굽이굽이 비포장 길을 돌 때면 아리랑 노래 대신 돈 굽이 돈 굽이
　저마다 일확천금의 꿈을 꾸며 들어가는 사람들 산이 깊었나, 마음에 골이 깊었나
　돌아올 길을 잊었는지
　그 늪에 빠져 정착하는 사람들, 한때는 길을 누비던 자동차도 길을 잃고 거리를 메우고 있다
　산중턱 위풍당당 금관을 쓴 괴물은 여전히 배가 고픈 듯 사람들을 삼키고 뱉어낸다
　오천 원 입장권을 내고 들어가면 오감을 자극하듯 돈돈돈
　휴짓조각으로 둔갑한 돈, 저마다 기계는 배가 고프다고 아우성친다

　카지노 2층 식당에는 무감각해진 영혼들

회칠한 벽에 답이 있는지 이제 그만 털고 나가려는 독한 마음으로 면벽 수행을 하는지
　표정도 대상도 없이 먹어도 먹어도 욕망만 부풀어 오른다

운주사 와불

땡볕을 끌고 운주사에 갔다
와불 두 분이 바닥에 누워
그 지열을 견디고 있어도
웃고 있었다

설경을 끌고 운주사에 갔다
와불 두 분 바닥에 누워
차가운 냉기 다 받으며
여전히 웃고 있었다

겨울 한강

인적이 없는 한강
강가는 입을 다물고 동면에 들었다
강변 나목은 계절의 상처를 안고 검은색으로 변했다
몇 번을 내린 쌓인 눈들 틈으로 새싹이 보인다
어디선가 나타난 머플러를 두른 카메라맨 나를 향해 셔터를 누른다
일본인이냐고 묻는다
왜 혼자 왔느냐는 눈빛
낯선 이를 경계하며 돌아서려는데
"말할 상대가 없어…"
쓸쓸한 말 한마디가 내 어깨를 붙잡는다
카메라맨의 어깨 위에 눈이 쌓여있다
몸을 웅크린 채 겨울을 이고 가는 뒷모습
목에 맨 저 렌즈 안에 무엇이 담겨있는지
오래전 사계의 행복했던 시절이 고스란히 담겨있으리라
허허벌판 인적 없는 강가로 말할 상대를 찾아 나선 노인
바람이 지나간다
쩡, 강은 소리를 내며 돌아눕는다

커피 컵

빨간 신호등 달리던 길이 잡혀있다
초록 불에 사람들은 몸을 웅크리며 종종걸음으로 길을 건넌다
건널목 신호등 아래 파란 모자를 뒤집어쓴
두 개의 컵, 지난밤 내린 눈에 바람이 불어도
어깨를 맞대고 나란히 서 있다
사랑의 온도만큼 뜨거웠을 커피 컵
차가운 눈 속에도 열정이 아직 식지 않았다
아쉬움이 남아서일까 눈 속에 밑동을 박고
청소부 아저씨 빗자루에 쓸려서라도 같이하고 싶은 마음

신호등이 바뀌고 백미러로 멀어지는 두 개의 종이컵
아직 나란히 서 있다
또 다른 바람이 불어도
서로를 품었던 마음은 흔들리지 않는다

손금

처음 보았던 나의 손바닥은
생명선 재물선 연애선 모두
잔주름 없이 깨끗한 선이었다

안경을 썼다
자잘한 선들이 나도 모르는 사이
거미줄처럼 엉켜있었다
새로운 손금은 내가 걸어온 흔적
안경을 벗고 보면 또다시 기본선만 남았다

작은 유리알로 본 세상은
이해할 수 없는 것과 이해해야 할 무게였다

얼마 남지 않은 빈 공간
어떤 손금이 채워질지
나는 가끔 내가 걸어온 길을 뒤돌아본다

해바라기 무덤

다 타버린 가을 안에
무엇이 남아있는가
끝없이 펼쳐진 해바라기밭
시든 해바라기는 무거운 고개를 떨구고 있다

더 이상 태양을 마주할 수 없는
굳어버린 저 모가지들
미처 털어내지 못한
씨앗만 가득 품었다

까맣게 타버린 가슴들
태어난 자리가 제 무덤이다

포스트 잇 2

책장을 정리하다 만난
하늘의 별처럼 기억하겠다던 약속
책갈피에 끼어있었다
☆☆☆
0월 00일 0시 000…
물기가 빠진 추억이 바닥에 떨어졌다
말라버린 접착력 마치 식어버린 우리의 관계처럼
벗어나려 했던 흔적이다
지키지 못한 약속 되돌아간 기억이 그곳에 적혀있다
불쑥 가슴으로 뛰어든 시간
거울 안 빛바랜 얼굴이 서 있다

기다리다 지친 메모지
등을 보인 채 바닥에 얼굴을 묻었다

철길의 공식

한 치의 양보도 없이 레일이 대치 중이다
만남과 헤어짐이 반복되는
그들의 감정은 차가움과 뜨거움
철의 본능인 차가움도 묵중한 바퀴의 마찰로 금세 뜨거워진다

침목과 도상 자갈이 레일 사이를 메운
레일의 폭은 143.5센티미터
철길은 늘 마주보는 공식
멀리서 기차가 달려오는 진동을 감지할 때
팽팽한 긴장감이 철길을 감돈다

무게를 견디어내는 건 그들의 몫
떠나는 기차 꽁무니를 보고 나서야 그들은 무장을 해제한다
서로 힘을 합치던 시간도 잠시 싸늘한 표정으로 돌아가는
그들의 감정은 평행이다
크로싱 지점에서 잠시 만나는 순간 또다시 엇갈린 운명

한 폭은 짧고 반폭은 긴 침목의 칸, 달리는 길을 받쳐준다
어느새 바람 따라 들어온 풀씨도
바람에 흔들리던 강아지풀도
레일 틈으로 전해지는 속도에 고개 숙였다

철길이 끝나는 지점, 그들은 한 번도 만나지 못한 보이지 않는 첫 지점을 생각한다

행인 1, 행인 2

이제는 바라봐도 가슴이 뛰지 않는 나이
무덤덤해진 남자는 자신의 놀이에 빠져있다
혼자만의 세계에 갇혀 아내는 늘 안중에도 없다
부드러운 손끝으로 찔러도
이제는 설렘도 없다

어느 날 남자 앞을
"행인 1입니다" 하며 지나가자
한번 쳐다보고 시선을 거두어간다
다시 돌아서며
"행인 2입니다"
TV에 빠져 쳐다보지도 않고 피식 웃는다
 작은 공간 서로 뚫어져라 바라보는 TV에게 내 자리를 내주었다
 그들과 나는 삼각관계를 유지하고 있다
 우리가 아닌 너와 내가 되어

"사랑했던 사람 있습니까

지금 행인이 지나가고 있습니다"

담배

하얀 소복을 입고 갇혀있다
허공으로 사라질 스무 개의 목숨이
줄을 맞춰 가지런하다
문이 열리는 순간 하나씩 불려나간다
그리고 잠시 이어지는 다비식
깊은 몸속으로 길을 찾아 스며들다가
몸 밖으로 흘러나온다
깃털보다 가벼운 3분의 일생
그 가벼움이 쌓여 지울 수 없는 흔적이 남는다
사내의 첫 키스
혀끝으로 감기는 그녀를 느낄 수 있었다
어느새 기호품이 되어 가슴팍에 붙은 여자
그녀와 이별을 생각해본 적 없다
담뱃가게 유리창엔 새로 나온 상품이 유혹을 한다
점점 사라지는 흡연의 공간
또 다른 여자는 더 깊은 늪으로 사내를 끌어들인다
몸속으로 스며드는 여자를 거부하지 않은 채
한 사내가 제 목숨을 태우고 있다

옷걸이

그의 목은 언제나 물음표
목선을 타고 흐르는 어깨의 곡선을 만들며 살아간다

맵시를 먼저 보여주는 옷걸이
그녀의 시조(始祖)는 나뭇가지였을 것이다
줄 혹은 못이 진화를 거듭하며
옷장과 피를 나눈 살붙이가 되었다

앙상한 물고기 뼈대처럼
우리집 빨랫줄에 매달린 세탁소 철사 옷걸이
허우대 멀쩡한 플라스틱 뼈대는 뚝 부러져도
그는 뚝심이 있다

걸친 옷에 점점 어깨가 처져도
휘어지는 가문도 뼈대라고
제 몸의 몇 배를 버틴다

제3부

과메기 덕장

보름 전 이곳에 왔어요
머리도 뼈도 꼬리도 그리고 나의 반쪽도 있었는데
누군가 익숙한 솜씨로 나를 토막 냈죠
반쪽은 어디쯤 있는지 지푸라기 서너 가닥에 매달려있어요
처음엔 청어였는데 어느 날부터 꽁치로 바뀌었어요
나는 제값을 받기 위해 몸을 살랑 흔들며 바람으로 화장을 해요
며칠 뒤 기름진 몸매는 꾸덕꾸덕 건조되어
어느 식탁 위에 오르겠지요

싱싱한 꽁치들이 몰려오네요
여기저기 무장한 손놀림에 미끈하게 다듬어진 몸매들
척척 덕장 위를 올라타는 그들을 위해 이제
자리를 내줘야겠어요

돌의 시간

어느 고가(古家)에서 흘러나온 옛것들이 석상으로 서 있다
비바람에 노출된 노숙은 이끼 빛이다

사거리에서 길을 잃은 돌거북이
정체된 시간이 길거리에 방치되었다
돌의 시간에서 벗어나 목을 뽑고 바다를 찾는 동안
거리는 몇 번이나 바뀌었다
빨간 신호등이 초록으로 교체되면 바다가 밀려올지도 모른다

건물 벽에 나붙은
"뭐든 치워드립니다, 팔고 삽니다"
알고 보면 결국 고물상
이끼 낀 비바람의 무게를 누가 이곳으로 보냈을까

한때 버젓이 중심을 차지했을 돌거북이
정수리를 매만지던 지문과 돌에게 심장을 달아준
돌의 아비를 기억하고 있을까

말로만 듣던 출렁이는 김축
부력을 모르는 거북이는 먼 바다를 상상한다

다시 파도처럼 밀려오는 자동차 물결
한 발자국도 떼지 못한 거북이
엉금엉금 기어갈 네 개의 다리는 딱딱하게 굳어있다

지퍼

나의 이상형은 완벽한 사람
잘 다려진 와이셔츠며 틀에 맞춰진 가족들
그 가족들이 거실에서 TV를 보고 있다
틈이 벌어진 줄도 모르던 나는
그날 안방에서 홀로 지독한 몸살을 앓고 있었다

십 대 중반 튼튼한 지퍼를 처음 만났다
미제 청바지에 달린 뻑뻑한 지퍼
초칠을 하면서 조심스럽게 길들였다
청바지가 낡아서 버리던 날
엄마는 지퍼를 떼어 다른 옷에 달았다
이가 빠지기 시작한
그 자리에 단추가 역할을 대신했다

지퍼를 올리면서 급해졌던 성미
하나하나 단추를 채우면서 삶의 여유를 배웠다

오랜 시간이 지나고 나서 알았다

틀에 맞춰 산다는 것은
나를 황폐하게 만들고 있다는 것
때론 단추 역할을 대신할
무언가를 준비해야 한다는 것을

몸을 풀다

유연성 있는 몸매로
물길을 터득하며 바다에서 자랐다
뼈 강화 노화방지 다이어트 등
좋다는 수식어가 따라다닌다
겨우내 파도와 사투를 벌이더니
봄을 따라 뭍으로 나왔다
넓은 바닷가 몽돌에 펼쳐놓은 물미역
납작 엎드려 해풍에 일광욕을 즐긴다
풋풋한 윤기는 증발되고
부스러질 듯 가벼워지면
포장되어 사방으로 떠난다

인적이 드문 늦은 도시의 밤바다
낮에 만난 미역장수 양동이에
반쯤 몸을 담근 미역이 굳었던 몸을 풀고 있다
건미역과 물미역 사이 겨울바람이 지나가고
전봇대 매달린 건미역 물이 닿는 순간
잠시 말랐던 기억이 되살아났다

양동이에 담긴 바다에서 파도가 친다

비누

향기를 가장해 약점을 감췄다
물이 있어야만 제 빛을 드러내지만
물은 그에게 있어서 가장 치명적인 존재였다
꼬막손에 잡혔던 비누
커서 빠져나가고 미끄러져서 도망치고
몽글몽글 개구리 알 풀어 놓은 듯
햇빛에 비친 무지개꿈 손바닥 가득 담겨있었다

비누보다 커진 손
손바닥 가득 거품을 내도 날아가지 못했다
때로는 비누도 신발 뒤축처럼 한쪽으로 기울어졌다

 수세미에 넣고 욕조 바닥 닦아내면 남은 형체마저 산산이 부서진 비누 조각
 바닥은 아직 꿈을 꾸는지 몽글몽글 거품이 남아있다
 샤워기가 지나간 자리 첫 향기가 피어난다
 현관 벨이 울리고 하나둘 빠져나간 가족들이 채워지고 있다

파도막이

느리게 사는 어른 같은 아이가 있다
가끔 엘리베이터에서 만나면
고개를 돌리며 눈길을 외면한다
자신의 세계에 갇힌 아이는
어느 것에도 관심이 없다, 다만
보폭을 맞추어 걷는 동행자에게만 반응한다
엄마는 세상과 연결하는 끈이다
자폐에 갇혀 스무 살이 훌쩍 넘은 청년
처음 말을 배우듯 수없이 잃어버린 기억을 반복하며
엄마는 끊임없이 아이와 대화 중이다

오늘도 모자가 손을 잡고
세상으로 나가는 뒷모습이 왠지 미덥다
거친 파도가 밀려온다
엄마는 든든한 파도막이다

또 다른 시작

다리 난간에 띄엄띄엄 쓰여 있다

잘 지내지?
밥은 먹었어?

어느 기업광고를 이야기 식으로 써 놓은 줄 알았다
1,390미터 마포대교에서 2008년부터 5년간 자살을 시도한 85명
일명 자살대교

유빙이 둥둥 떠 있는 한강
살을 파고드는 추위보다 더 간절한 사람들의 목숨을 노리고 있다
다리가 시작되는 초입에 자살을 방지하는 글
누군가에 건네줄 위로가 시작되고
위험한 다리는 또 다른 시작을 유도하고 있다

1월 추위가 매서운 마포대교 남단

눈이 시릴 만큼 파란 하늘이 걸려있다
나는 다리를 건너며 이곳에서 사라진 사람들을 생각한다
또 다른 시작을 만나지 못하고
끝내 마침표를 찍은 사람들을

달걀

분주하게 마당을 쏘다니던 암탉이 안보였다
냇가에서 털이 다 빠진 닭을 보았다
할아버지가 닭의 배를 가르고
흰 달걀 한 알을 꺼내었다
알이 되지 못한 크기가 각각 다른 노른자가
뱃속에 가득 매달려있었다

달걀에게도 온기가 있다는 것을 그날 처음 알았다

질화로 뚝배기에서 익어가던 달걀찜
한동안 밥상 위에 오르지 않았다

마트에서 달걀 한 줄을 사왔다
바코드로 입력된 증명서
따스한 온기는 오래전에 사라지고
냉장고에 가지런히 줄을 섰다

탁, 프라이팬에 몸을 던진 달걀은

그 순간은 무정란이 아닌 살아있는 유정란이었다

카페, 길들여지기

저물녘
진행 중인 연애가 어깨를 껴안고 지나간다
길들여진 연인들이 팔짱을 끼고 덕수궁 돌담길을 걷는다
연인과 걸으면 이별이란 속설을 가진 돌담길
달아오른 연애를 익숙하게 받아준다

서로의 체온에 길들여진 저 다정한 손들,
손의 표정이 부드럽다

저녁 일곱 시, 연인의 뒤를 따라
또 다른 연애 한 쌍이 걸어간다
달을 등지고 다시 시작되는 돌담길은 묵묵히 그림자가 되어 바라보고
서로를 탐색 중인 연애가 손끝을 스치며 걸어간다

덕수궁 돌담길 건너 정동 골목이 시작되는 곳,
카페 길들여지기
서로에게 길들여지라는 카페 이름

뜨거운 커피 한 잔에 마음을 데워보지만
나는 아직 길들여지지 않은 이방인이다

당신에게 익숙해지지 않으려고
화를 내고 등을 돌렸다 나를 줄이고
당신을 더 많이 가졌어야 했다

텅 빈 허공에 달이 걸린다
끝내 길들여지지 못한 연인은 이곳을 지나 이별을 할 것이다

침묵

종일 그 흔한 메시지 한 통 오지 않는다
몇 번이나 확인해도
다녀간 흔적이 없다
지루한 침묵이다

갑자기 몸을 비틀며 드르르
눈이 반짝 반짝
수행이 끝났을까
잠행이 끝났을까
애간장 녹이더니
터뜨리는 신음소리

죄송합니다, 잘못 걸었습니다

토끼도 포수도 떠난 뒤

여섯 난쟁이만 앉을 수 있는 숲 속의 집
스피커의 음악이 자리를 잡고 있다
겨울이면 아랫목에서 할머니가 콩 고르듯
주인은 햇살 받으며 커피콩을 고르고 있다

눈밭엔 빛바랜 자작나무와
바다를 떠나와 제 뱃속 비우고
얼리고 녹이길 반복하는 황태덕장이
작은 창 너머로 보인다

커피콩 고르는 소리
봄날 시냇물 흐르듯 차르르 차르르
한 권의 시집이 넘어간다
시집에서 빠져나온 바람은 문에 달린
카페의 풍경만 잡아당겼다

창가로 들어오던 남은 햇살이
눈 쌓인 평창의 능선을 넘고 있다

중형(中形)과 중형(重刑)

슈퍼에 갔다
늦은 나이에도 아직은 선명하게 드러나는 달거리
생리대 겉봉에 쓰인 중형(中形)
중년인 나는 아직 중형을 쓰고 있다

새끼를 낳은 어미 소는 사골 국을 끓여도
뽀얀 국물이 잘 우러나지 않는다는 정육점 아저씨 말처럼
내 몸 밖으로 나온 아들과 딸, 그리고
쉰이 넘도록 알뜰하게 부려먹은 관절들은
서로 부딪치며 소리를 드러낸다

중형의 빈도가 줄어들수록 한겨울에도 벌겋게 달아오른 얼굴
뚝뚝 땀이 흐른다
추우니 문 닫으라고 남편은 성화를 댄다

또 다른 중형(重刑) 속에 살아가고 있는 나는
다른 출구를 향해 걸어가고 있다

허허허

허허허 허허허
자식노릇 못한 마음
번듯한 가장노릇 못한 미안함에 허허허
자식들에게 해주고 싶은 것 많이 못한 마음에 허허허
하고 싶은 말 많아도 싫은 내색 못해서 허허허
쓰디쓴 소주 한잔 털어 넣으면 허허허가 흑흑흑으로 바뀔 때도 있다
잘하고 싶은데 가끔은 따끔한 이야기도 하고 싶은데
때로는 헛소리로 객기도 부리고 싶은데
웃음이 먼저 입을 막는다
이프다 힘들다 하고 싶은데
말 대신 웃음만 나온다 허허허
저 웃음에 대답이 담겨있다
허
허
허
허공으로 쓸쓸하게 흩어진다

엄마가 음매 하면 아기도 음매 한다

누린내는 천장까지 차올랐다
나는 코를 막고 짜증을 냈지만
엄마는 묵묵히 냄새마저 흡입하고 있었다
옆집 텃밭에 묶여있던 까만 염소가 보이지 않았다
나보다 일 년 후배인 진순이가 입학식 때
새 교복을 사 입겠다고 키우던 새끼 염소
미처 뿔이 여물기도 전에 엄마의 약이 되었다
염소 한 마리를 다 드시고도
이듬해 초가을 더 이상 엄마를 볼 수 없었다

미국에 살고 있는 막내
부실한 몸을 보호하기 위해
며칠 전 주문한 흑염소로 만든 한약이 도착했다
밤새 태평양을 향해 흑염소가 날아가고 있다
막내 초등학교를 막 보내고 떠난 엄마
가장 밝은 별을 보며
엄마별일 거라 생각하고
마음을 달랜 적이 있었다

오늘 밤 엄마별이 운다 음매—
막내야 아프지 마라

찬밥

밀리는 놈은 어디에든 있다
이 사람 저 사람 한 숟가락씩 덜어놓은 밥
막 지은 밥에 밀리고 전자레인지에 데운 즉석 밥에도 밀린 저 계륵
화끈한 프라이팬에 눌린 누룽지도 되지 못한 밥

나와 남편은
유난히 큰놈과 작은놈 사이에 끼어 언제나 찬밥
궂은일은 내 몫 좋은 것은 다른 형제 몫이었던 불공평한 어린 시절

셋째 아이 생각하던 나에게 남편이 하던 말
너와 나 같은 찬밥 만들지 말자고 했다
열 손가락 깨물어서 안 아픈 손가락 없다던 시어머니
자식 낳아 손가락 깨물어보니 유난히 아픈 손가락이 있다

밀리고 밀려 기억에도 없던 냉장고 천덕꾸러기 돌덩어리
오늘 음식물통에 섞여 오리농장으로 떠났다

너는 진정 찬밥이었다

제4부

노모(老母)

해가 진다

창가 바라보던
어머니의 웅얼거림
오늘도 저물었구나 참 빨리도 해가 진다

또다시
해가 지고 있다
빈 창에

바닥

허기가 국수를 타고 넘어간다
얼음에 덴 벌건 얼굴이 풀리는 시간이다
시장에 펼쳐진 조개 담긴 고무함지
고만고만한 삶의 무게만큼 다양하다

바다의 한기마저 스멀스멀
굽은 등뼈를 타고 오른다
짠물에 길들어진 곱은 손
면발을 목구멍에 넘기기도 전에
또다시 비닐봉지에 조개를 담는다

퉁퉁 불어버린 먹다 남은 국수그릇
그녀처럼 방치되어 찬바람을 고스란히 맞고 있다
평생 땅만 보며 조개를 까던 짓눌린 어깨는
조개화석처럼 딱딱하다

칼 맛을 보았던 조개들이
뿌옇게 생피를 토해놓는다

위층

첩으로 들어온 그녀
하염없이 창밖을 바라보던 웃음에도 그늘이 배어있다
차가운 콘크리트 수인번호 406호
현관문 소리조차 그녀의 발목을 잡았다
본처의 자식들이 가끔
늦은 밤이면 다녀가는 듯했다
첩으로 들어온 몇 년 후 본처가 죽자
자연스레 후처가 되었다
믿고 의지했던 남편이 죽고
마음 기댈 곳 없던 그녀는 뭔가에 집중이 필요했다
잠 못 드는 밤이면
그녀는 무엇을 하고 다니는지
계단을 오르내리는 발걸음이 조심스러웠다
한동안 잠잠하던 계단 우리는 할머니를 잊고 살았다

어느 날 밤 앰뷸런스소리가 조용한 위층을 뛰어올라갔다
아무도 돌아보지 않은 외로움이 들것에 실려 나왔다

쓸쓸한 문상

먹빛으로 물드는 시간이다
이별은 한 장의 영정사진으로 남아
채워지지 않은 그 공간
덩그러니 상주 한 사람 붉은 눈을 껌벅이며 맞절을 한다

촉수가 낮은 전등도 졸고 있는 영안실 식당
낡은 냉장고는
흰 종이를 뒤집어쓴 수많은 관(床)들 사이로 웅웅거리며 곡을 한다
귀퉁이 두어 개의 상이 상주를 위로하고 있다

자정을 넘긴 여름밤,
여전히 비어있는 상들
또다시 길고 지루한 하루를 보내야 하는 지하 영안실
한 줌 햇살이 기웃거리다 돌아선다
상주는 자꾸만 내려앉는
무거운 눈꺼풀을 들어 올린다

영안실 입구
커다란 괘종시계만이 무거운 분침을
더디게 끌고 간다

역전 카바레

거리는 낮의 열기가 식기도 전
새로운 색으로 물든다
역사의 불이 켜지고 열차는 또 다른 이방인들을 내려놓는다
지역과 지역의 경계,
타지의 환락이 위험한 밤을 넘어온다

지하 계단을 오르는 음악소리
상가의 꽃불들이 어둠을 걷어내고
무희의 화려한 의상이 지나가는 행인들을 끌어들인다

윗집 쌍둥이 할머니
문고리에 할아버지 넥타이 묶어놓고
운동 삼아 배운 지르박 스텝을 자랑하며 실전을 꿈꾼다

우리 동네 역전 카바레
영혼마저 음악에 맡긴 듯 블루스 왈츠 지르박
다양한 장르에 현란한 발놀림 몸놀림

밤이 깊을수록 불빛이 화려한 역전 주변은 뜨내기들이 단골이다
스테이지를 도는 짧은 여름밤이 후끈 달아오른다

뒷모습

마곡사 대웅전을 가다 발소리에 뒤를 돌아보았다
다리 위를 휘적휘적 스님의 장삼자락이 날고 있었다
아득히 멀어지는 모습을 바라보다
한 장의 사진으로 남겨놓았다
오래전 녹음이 짙은 어느 여름날이었다

'앞모습은 허상이요, 뒷모습이야말로 실상이다'*
이 말이 언제부턴가 나의 좌우명이 되었다
얼굴이 두꺼워질수록 뒷모습은 얼마나 화끈거렸을까
거울 앞에서 매무새를 정리하고 외출을 한다
돌아오는 순간 뒷모습의 안전한 귀가를 장담할 수 없다
오늘도 태연히 얼굴은 웃고 있지만
구겨진 뒷모습이 궁금하다

오래전 그랬던 것처럼 뒤를 돌아보았다
발자국이 어지럽게 따라오고 있다

*법정 스님의 『살아있는 것은 다 행복하라』에서 차용함

신발

남자의 구두는 언제나 출구를 향해 놓여있다
독거 어르신 도시락 배달 가는 첫날부터
일 년이 넘도록 그 자리에 있었다
정작 구두의 주인은 먼발치에서 한번 보았을 뿐
신발은 주인의 깊은 병처럼 뿌옇게 먼지가 앉기 시작했다

어느 봄날 현관문만 바라보던 신발은 주인을 따라갔다
도시락 배달이 중단되었다

뭐야

말을 한창 배우던 조카가 모과를 보고 물었다
이게 뭐야
모과
이게 뭐냐고
모과
뭐가라고 들은 조카
놀리는 줄 알고 동그란 눈에 눈물이 고였다

이게 뭐야
자
이게 뭐냐고
자
나는 자를 자라고 했는데
안 졸린데 왜 자꾸 자라고 그래
조카는 짜증을 부렸다

말을 다 배우기도 전 낯선 나라 미국으로 떠난 조카
햄버거보다는 김치를 좋아하던 일곱 살

학교 가는 날은 김치냄새 난다고 김치를 안 먹는단다
어린 나이에 김치와 치즈의 경계를 알아버렸다
나는 영어가 서툴고 조카는 한국말이 서툴러 자주 대화가 끊긴다
조카는 사춘기 동양과 서양의 경계에 서 있다
이모 언제 와?
모과와 뭐가, 자와 자의 사이
아득히 들리는 전화소리

소리 ON

허공이 긴장했다
공포의 총소리는 삽시간으로 퍼지고
뉴스는 패널들과 둘러앉아 문제점과 대안을 제시했다
사건은 반복된다

지난밤 마지막 겨울비가 다녀갔다
창가에 남은 빗방울은 전날 허공이 놓친 잔재들이었을까
관심병사 소리에 귀를 기울이지 못했던 우리들
변심한 애인에게 겨눈 소리는
나약한 우리들의 단면이었다

비 그친 뒤에 물러섰던 겨울이 떠나지 못한 채
한 장 남긴 달력의 봄을 가로막고 있다

긴급속보
또다시 소리가 발사되었다
사망 4명 부상 1명

부부

성격 차이
자존심 지켜가며 포장된 말
잠시 헤어짐에도 목말랐던 사랑이 어느 순간
적군처럼 살며 수없이 붉은 도장 찍던
가슴에 꽃이 피었다
팍팍해진 삶의 추억은
장롱 밑바닥에 쌓인 먼지처럼 쉽게 들어내 버릴 수 없었다
앙금처럼 남아있는 알량한 자존심
보상받듯 치열하게 오늘도 서로의 상처를 후벼팠다
분에 못 이긴 남자 문을 박차고 나가버린다

살아갈 날보다 살아온 날 쪽으로 다시 기울어지는
생각의 저울
또 다른 전우는 가스레인지에 냄비를 올려놓는다
둔탁한 도마소리 냉랭하다
집안 공기가 바짝 긴장을 한다

땅끝마을 유선관

진눈깨비 내리는 소리에 잠을 설쳤다
산사의 종소리를 지나온 새벽은 문풍지 틈으로 스며든다
밤새 내린 손님은 댓돌 위에 올려놓은 신발 위에도 다녀갔다
내 잠속으로 가물거리는 비질소리
마당을 쓰는 주인장의 싸리비가 문틈으로 보인다

유년의 아침
해를 이고 앞산이 막 눈을 떴다
이른 새벽 끓인 쇠죽이 여물통 가득 김이 올랐다
쇠죽 냄새와 할아버지
비질소리로 아침잠을 깨웠다

땅끝마을 해남 인터넷도 TV도 없이
백 년의 시간을 간직한 유선관*
댓잎에 매달린 진눈깨비는
한 방울씩 기억을 털어낸다
숲 속 바람은 담장을 넘어와 검은 기와에 켜켜이 쌓인 추

억을 들추고 있다

* 여관 이름

장애물

속도를 먹고 사는 길들, 식도가 더부룩하다
체중에 흔들리는 밤 어둠마저 장애가 된다
헤드라이트 안으로 진입한
손목 하나가 앞차의 바퀴에 뭉개지고 길을 놓친 신발이 튕겨나간다
요리조리 곡예하듯 나는 비껴간다
백미러에서 멀어지는 누군가의 흔적
다행히 살인자의 누명을 벗었다

앞서던 차가 멈춰 섰다
방심한 허공과 충돌했다
찰나에 튀어나온 거미줄 같은 상처들
속도를 계산한 유리는 한 줌의 무게에도 반응한다
투명한 몸, 어디에 그 많은 상처를 품고 살았을까
시야를 가리는 죽은 유리창
독주하는 도로는 야조(夜鳥)의 장애물이었다

공사가 끝나고 버려진

빨간 고무장갑, 신발 한 짝 내내 뒤를 따라온다

길이 불안하다
나는 아무것도 밟지 않았는데

특실문상

장례식장 입구부터 즐비하게 늘어선 화환
그의 죽음을 애도한다
노모가 손수 삼베로 지어놓은 전통 상복을 차려입은
머리가 희끗한 상주 삼 형제 지팡이를 쥔 채
고인의 귓전에 들릴 만큼 구슬프게 곡을 한다
곡소리는 저승길을 밝혀준다고 했던가

증조할머니 돌아가신 날 베옷을 입은 할아버지는
삼 년 동안 대청마루에 상청을 차려놓고
조석으로 구슬프게 곡을 하셨다

시아버님 돌아가신 날 곡을 할 줄 몰라
외삼촌에게 등짝을 맞던 젊은 며느리
오늘 옛 방식을 고수하신 노모의 마음이
문상객을 겸허하게 만든다

아비는 자식농사 잘 지은 덕에 수없이 절을 받는다
지나가던 봄도 어느새 함께 곡을 하고 있다

양은주전자

매끈한 몸매의 여자가 도착했다
읍내에서부터 퍼진 소문에 가게를 기웃거리며
사내들은 자신의 상상을 덧붙였다
그 여자는 멀리 혹은 구석에 있어도 잘 보였다
주절주절 흘리는 말도 다 받아주는
그녀의 손을 잡고
외로움이 밤을 지새우기도 했다

그녀보다 한해 먼저 온 여자
처음엔 대접을 받던 시절이 있었지만
취객의 거친 손길에 상처가 생기기 시작했다
홧김에 손찌검을 하거나 즐겁다고 그녀의 엉덩이를
수없이 두드려대더니 멍이 들기 시작했다

사랑의 물량은 똑같은데
바쁘게 불려나가는 그녀를 바라보며
그녀는 구석에 앉아 자신을 불러줄 손길을 기다린다

슬픈 풍경

이틀 동안 내리던 이슬비가 지나갔다
검은 지평선이 끝없이 펼쳐진 E70번* 도로
간혹 한 뼘의 밀이 바람에 흔들리고
막 노란 유채가 꽃망울을 터트리고 있었다
드문드문 마을을 지나고 손이 빠른 농부는 밭을 갈고 있다
초라한 마을이 수없이 지나갔다
세르비아 국경이 점점 가까이 다가온다

도로변 공동묘지가 나의 눈을 잡았다
전날의 이슬비 탓일까
흙이 마르지 않은
묘비도 없는 작은 무덤
들꽃 한 줌을 앞에 놓고
남루한 사내아이 둘이 앉아있었다
멀어질 때까지 눈을 뗄 수 없었다
또 다른 마을이 지나간다
물웅덩이에서 어린아이가 자전거와 씨름 중이다
어미가 달려와 자전거를 꺼내주었다

아주 오래전 머리도 채 영글지 못한 동생과 나는
화장터 연기를 하염없이 바라보았다
그 후 엄마를 다시 볼 수 없었다

* 루마니아와 세르비아를 연결하는 유럽 도로

스테이플러

나는 가로수
나는 거리의 파수꾼
나는 거리의 전달자
나는 거리의 환경미화원
나는 거리의 낙서판
나는 거리의 중매쟁이
나는 거리의 삐에로
나는 거리의
나는 거리
나는 거
나는
나

티라나거리* 스테이플러 심으로 도배한 나무가 서 있다
 수많은 사람이 다녀가고 그때마다 전단지가 온몸에 붙었다 떨어졌다
 그들의 흔적이 몸통에 고스란히 박혀있다
 그들은 고문자였다

* 알바니아 수도

해설

쓸쓸함으로 기록된 상처의 목록

마경덕(시인)

어느 노시인은 첫 시집은 '병마개와 같다'고 했다. "마개를 따야 향기를 뿜는"다는 것인데 그 향기는 다음 시집에도 영향이 미친다고 하였다. 그렇다면 유성임 시인에게 첫 시집 『만 개의 골목』은 첫 뚜껑이고 그 뚜껑은 버진 팁(virgin tip)과 다름없다. '시의 처녀막'이 열리면 어떤 향기가 쏟아질까. 새 화장품의 속뚜껑을 따듯이 첫 시집을 읽어가는 것은 사뭇 설레는 일이다.

유성임 시인은 우리가 모르는 낯선 곳에 수시로 서 있다. 그 이국적인 풍경에는 왠지 쓸쓸함이 배어있다. '상처의 목록'으로 기록된 것들은 일상의 한 부분이었다. 소멸되어 가는 기억을 기록하는 일, 그것은 낯선 여행에서부터 시작된다. 처음 보는 것들의 냄새, 촉감, 느낌, 그리고 눈빛, 이 공허한 낭만은 시인의 가슴으로 들어와 살고 있다. 시인은 이질적인 장소에서 유년의 가족을 발견하거나 무의식에 억압된 기억을 되살려낸다. 시인은 박제된 과거의 모습에서 일탈하는 것이 아니라 오히려 그 서늘한 기억으로 걸어 들어가 상처를 재확인하는 것이다. 무의식의 내면에 '잠복한 통증'이 시인으로 살게 하는 힘일 지도 모른다. 불안한 색채의 흐름으로 표정을 만들고 공포를 담아낸 에드바르 뭉크와 달리 시인은 몸에 파생된 '흔적'을 담담한 언어로 펼쳐낸다. 그의 언어들은 절반쯤 물에 잠긴 찌처럼 한가롭지만 그 평화로움 속에는 입질을 기다리며 촉을 세운 긴장감도 들어있다. 시인은 자신의 '삶과 기억'을 통해 조곤조곤 진경(珍景)을 꺼내놓곤 하는데 어디엔가 마음을 걸러내는 여과장치가 있기 때문이다.

> 먼로를 만났다
> 이스탄불 국내선 대합실에 혼자 앉아있었다
> 한눈에 알아본 그녀
> 매력적인 금발과 하얀 이가 눈부셨다
> 누가 그녀를 이곳에 두었는지
> 언제부터 혼자 있었는지 창밖은 막 어둠이 걷히고
> 밤새 누군가의 가슴을 달래주었을 그녀는
> 여독에 지친 이방인에게 환한 웃음을 보내주었다
> 그렇게 그녀를 바라보기는 처음이었다

보딩 준비를 알리는 스피커소리에
몇 걸음 걷다 뒤를 돌아보았다
텅 빈 대합실 차가운 의자,
반쯤 졸고 있는 조명 아래
가슴을 훤히 드러낸 먼로가 웃고 있었다
플레이보이 표지를 붙잡고 그녀는 아직 살아있었다
　　　　　─「이스탄불 대합실 의자」 전문

터키 서부 보스포루스 해협 근처에서 만난 여인은 화자가 익히 아는 사람이다. 그 낯선 곳에서의 조우(遭遇)는 얼마나 위안이 되었을까. 친근하다는 것은 마음이 닿는다는 것이다. 그 이역(異域)에서의 대면은 짧은 순간이었지만 이방인은 잠시 포근함을 느꼈을 것이다. 그 대상은 한때 만인의 사랑을 받던 미모의 여인이었다. 누가 이곳에 그녀를 흘렸을까. 텅 빈 대합실 차가운 의자에 그녀는 홀로였다. 은막의 화려한 스타가 꿈꾸던 낭만과 사랑, 눈부신 아름다움은 요절로 마감되고 그녀를 기억하던 사람들도 하나둘 떠나갔다. 텅 빈 대합실 차가운 의자는 실재의 공간인 현실세계이고 잡지는 몽상(夢想)을 덧씌운 환상세계라는 공간이다. 그녀는 현실을 부인하며 죽어서도 환상을 꿈꾸며 살아간다. 화려함 뒤에 감춰진 어둠을 감지한 시인의 눈빛은 어떠했을까. 우연히 마주친 지척의 아득함, 되돌아올 수 없는 '저편'과 건너갈 수 없는 '이편'의 까마득한 거리. 슬픔이란 그 간극에서 기생하는 것일까. 다수를 위해 자신을 바친, 하여 자신의 불행을 감당할 수 없던 한 여인의 일생이 오버랩 된다. 잠시 스쳐가는 풍경을 스케치한 「이스탄불 대합실 의자」는 지루하고 고단한 여정과 생의 허무함을 간결하게 드러낸 작품이다. 아래 예시된 표제시 「만 개의 골목」을 따라가 보면 또 다른 풍경을 만날 수 있다.

    모로코의 옛 수도 페스
    길의 혈관들, 만 개의 핏줄로 뻗어있었다
    간간이 스쳐가는 나귀 등에 아비와 아들이 앉아있고
    어미는 나귀의 끈을 잡고 느릿느릿 미로의 끝을 향해 가고 있었다
    붉은 양귀비가 바람에 흔들리는 날이었다

    하늘이 푸른 물빛 같아, 나귀의 출렁거림도 누추한 가난마저도
    선명한 풍경이 되는 곳
    어깨를 스치듯 그렇게 이방의 시간은 곁을 지나갔다

아련한 아잔소리와 함께 날아온 염색공장의 가죽
냄새
  문득, 끈을 붙잡은 여인의 손가락이 떠올랐다
  악취에 물든 가업이 골목을 붙잡고 그들은 이곳에서
늙었다
  눈에 보이는 것이 전부인 곳, 기울어진 생의 각도는
만 개의 뿌리를 가진 골목으로 휘어있었다

  이 협곡으로 급류처럼 흘러간 시간들
  골목에서 태어난 사람들은
  시작과 끝이 없는 미로에 갇혀 늙어갔다

  길잡이를 따라 정신없이 그곳을 빠져나와 뒤돌아보니
  입구와 출구는 사라지고 없었다
―「만 개의 골목」 전문

  모로코의 토산품인 가죽제품을 염색하고 가공하는 공장은 페스의 마을 한가운데 있다. 지저분하고 낡은 집들, 집단 주거지역은 좁은 미로와 회칠을 한 긴 담벼락으로 이어진다. 이슬람의 예배시간을 알리는 '아잔'소리가 골목으로 날아오는 곳, 악취를 견디며 천 년이 넘게 가업으로 이어진 가죽염색은 그들의 생업이다. 가죽원

단을 부드럽게 하기 위해 비둘기똥에 담가 직접 손과 발로 무두질한 다음 염색을 한다고 한다. 긴 미로를 따라 이동하는 이방인의 눈길을 피해 종종걸음 치는 여인들, 좁고 어두운 골방에서 카펫을 짜는 아낙네들이 있는 곳, 누군가 모로코는 "현실과 신화 사이를 날아다니는 아름다운 마법의 카펫 위를 여행하는" 곳이라고 했다. 시인은 "하늘이 푸른 물빛 같아, 나귀의 출렁거림도/누추한 가난마저도 선명한 풍경"이 된다고 하였다. 지긋지긋한 악취와 벗어날 수 없는 굴레도 모두 '용서'가 되고 '화해'가 되는 곳이다. 길잡이가 없다면 미로에 갇혀 나올 수 없는 곳, 출구가 사라진 곳에서 사람들은 평생 밥을 벌며 살아간다. '만 개의 뿌리'로 뻗어간 골목에서 길을 잃는 것은 '이방인'뿐이다. 「만 개의 골목」은 '삶의 방식'과 '마음의 각도'에 대해 생각게 하는 작품이다. 행복의 기준에 정답이 있을까. 행복은 지극히 주관적이어서 정신적인 가치를 평가하기란 불가능하다. 물질이 풍부하다고 행복지수가 높은 것은 아니기 때문이다. 조건만으로 행복은 만들어지지 않고 조건만으로 불행해지지 않는다는 걸 시인은 「만 개의 골목」을 통해 보여주고 있다. 주어진 운명에 저항하지 않고 순응하는 그들은 이미 불행을 '초월한 힘'을 가진 것이다. 「만 개의 골목」으로 아름다운 천혜의 자연과 쓸쓸하고 척박한 삶이 천연스럽게 넘나든다. 아래 예시에서도 또 다른 '쓸쓸함'을 맛볼 수 있다.

  이틀 동안 내리던 이슬비가 지나갔다
  검은 지평선이 끝없이 펼쳐진 E70번 도로
  간혹 한 뼘의 밀이 바람에 흔들리고
  막 노란 유채가 꽃망울을 터트리고 있었다
  드문드문 마을을 지나고 손이 빠른 농부는 밭을 갈고 있다
  초라한 마을이 수없이 지나갔다
  세르비아 국경이 점점 가까이 다가온다

  도로변 공동묘지가 나의 눈을 잡았다
  전날의 이슬비 탓일까
  흙이 마르지 않은
  묘비도 없는 작은 무덤
  들꽃 한 줌을 앞에 놓고
  남루한 사내아이 둘이 앉아있었다
  멀어질 때까지 눈을 뗄 수 없었다
  또 다른 마을이 지나간다
  물웅덩이에서 어린아이가 자전거와 씨름 중이다
  어미가 달려와 자전거를 꺼내주었다

아주 오래전 머리도 채 영글지 못한 동생과 나는
　　화장터 연기를 하염없이 바라보았다
　　그 후 엄마를 다시 볼 수 없었다
　　　　　　　　　　　―「슬픈 풍경」 전문

　'슬픔의 발원지'는 이곳에 있었다. 아주 오래전 어린 동생과 함께 바라본 화장터의 연기, 그곳이 상처의 시원지(始原池)였다. 시인이 세르비아 국경을 향해 달리며 만난 풍경은 한 뼘의 바람에도 흔들리는 밀밭과 막 노란 꽃망울을 터트리는 유채밭이 아니었다. 들꽃 한 줌과 남루한 사내아이 둘이 앉아있는 공동묘지 묘비 없는 작은 무덤이었다. 이름 모를 누군가의 죽음과 고아로 보이는 아이들의 모습에 시인은 오래 묵은 슬픔을 그만 들키고 말았다. 물웅덩이에 빠진 자전거를 꺼내줄 엄마를 일찍 잃어버린 시인에게 이보다 더 슬픈 풍경이 있을까. 자신의 모습과 부딪힌 '충격의 강도'는 시인의 마음에 깊은 파장을 일으켜 눈을 뗄 수가 없는 것이다. 시인이 바라본 '마지막 풍경'은 깊이 감춰둔 '소외지대'에 잠복하고 있었다. 스스로 선을 긋고 차마 들어가지 못한 가장 아프고, 가장 서럽고, 가장 신성한 마지막 지점, 누구에게도 들키고 싶지 않은 '마음속 골방'이 아니었을까. 대부분 어린 날의 상처는 평생 잊히지 않는 생생한 기억으로 남는다. 그런 만큼 더 간절했을 엄마의 '부재'는 무엇으로도 대신할 수 없는 힘든 시간이었을 것이다. 세상에서 가장 아픈 말은 '죽음', 그리고 '부재'일 테니까. 이렇듯 유성임 시인은 낯선 곳에서 문득 '잠재된 상처'를 발견한다. 그의 여행은 유쾌하거나 수다스럽지 않다. 여행에서 발견한 것은 '울림'이다. 무언가에 부딪쳐 되울려 나오는 현상이나 그 소리에 주목한다. 어떤 대상에서 뻗어나오는 고요한 파장, 그 깊은 울림으로 파생되는 쓸쓸한 생각, 그것들이 '시의 질료'이다. 「멀고 먼 앞집」도 이와 비슷한 성향을 띠고 있다.

현관문이 요란하다
하수구 해동반점 현대슈퍼 인테리어 열쇠집 태권도 영어학원…

다정히 팔짱을 끼고 들어온 앞집 남녀
밤마다 거실을 뒹구는 소리에 창문이 화끈거렸다
얼마 뒤 남자의 고함이 우리집 벽을 쿵쿵 치더니
집이 꾹 입을 닫았다

벚꽃이 지고

또 누군가 이사를 오는지
최신형 벨과 번호 키로 현관이 단장을 했다

새로운 식구들이 입주를 하고 깔깔깔 둘러앉은 소리가 창밖 벚나무 가지를 흔들었다
눈인사가 조금 익숙해질 무렵 아이의 울음이 거실로 뛰어들었다
다음날 아침 웬일인지 조용한 동네가 발칵 뒤집혔다
한동안 물러섰던 정적이
스티커 위에 덕지덕지 달라붙었다

차 한잔 하실래요? 놀러오세요
눈이 큰 여자가 건네주던
벚꽃처럼 화사하던 그 말은 어느 날 낙화가 되어 바닥에 뒹굴었다

차가운 콘크리트 닭장에 칸칸이 불이 켜져도
다시 어둠으로 가라앉은,

  멀고 먼 앞집
─「멀고 먼 앞집」 전문

객관적인 거리는 '앞집과의 거리', 즉 측정이 가능한 물리적 거리이고 주관적인 거리는 가늠할 수 없는 '마음과 마음'의 거리이다. 객관적인 유치 거리는 눈으로 확인이 되지만 마음의 거리는 주관적이어서 보이지 않는다. 그러므로 '실제의 거리'는 누구에게나 동일하지만 주관적 거리는 친분에 따라 차이가 난다. 앞집은 가장 가까운 이웃인데 왜 멀고 먼 집이 되었을까. 화자인 시인은 냉정한 이 시대의 단면을 앞집과의 '거리'를 통해 보여주고 있다. 좀처럼 다가갈 수 없는 이웃집, "다정히 팔짱을 끼고 들어온 앞집 남녀/밤마다 거실을 뒹구는 소리에 창문이 화끈거렸다/얼마 뒤 남자의 고함이 우리집 벽을 쿵쿵 치더니/집이 꾹 입을 닫았"다고 한다. 뜨겁던 사랑은 금세 냉담해지고 앞집과의 거리도 멀어졌다. 벚나무 가지가 흔들리도록 깔깔거리던 웃음도, "차 한잔 히"자는 여사가 건네주던 다정한 인사도 낙화가 되어 바닥에 뒹굴고 아파트에 칸칸이 불이 켜져도 다시 어둠으로 가라앉은, "멀고 먼 앞집", 소통이 되지 않는 이웃들, 불신으로 가득 찬 사회, 전세대란이 빚은 잦은 이사, 가족 간의 대립, 사랑이 식어가는 시대에 가족의 소중함을 일깨워주는 「멀고 먼 앞집」은 나지막한 어조에도 깊은 울림이 있다. 자신을 둘러싼 갈등과 불화에 암묵적 동의로 일관하는 이 시대의 현상을 차분하고 선명하게 그려낸 수작(秀作)이다.

해가 진다

창가 바라보던
어머니의 웅얼거림
오늘도 저물었구나 참 빨리도 해가 진다

또다시
해가 지고 있다
빈 창에

―「노모(老母)」 전문

"해가 진다"는 말이 이렇게 쓸쓸한 말이었을까. 흔한 일상의 한 부분으로 알았던 일몰, 그리고 일출, 노모는 이제 '일몰이 되어가고' 있는 중이다. 해가 지는 만큼 노모의 시간은 줄어들었다. 야금야금 목숨을 갉아먹는 시간을 누가 제지할 수 있을까. 독백처럼 혼자 중얼거린 노모의 말 속에 '삶의 애착'이 묻어있다. 청춘일 때는 어서 날이 가고 내일이 오기를 기다렸지만 이제 삶의 속도에 가속이 붙어 해는 너무 빠르게 진다. "진다"는 것은 말 그대로 시간에게 '지는' 것이다. 값 없이 받은 '오늘'이 누군가에게는 간절하게 원하던 '내일'이 아니었던가. '돈'으로도 살 수 없는 것이 시간이다. 누구에게나 공평하게 분할되고 값 없이 주어진 그토록 흔하디흔한 시간, 어떤 이에게는 지루하게 남아도는 시간이 이렇게 소중하다니…

빈 창, 이제 다 비우고 갈 차례만 남았다. 뒤늦게 깨닫게 되는 것들은 우리가 평소에 무심히 흘려버린 사소한 것들이다. 「노모(老母)」에는 안쓰럽게 늙어가는 시어머니를 바라보는 며느리의 '측은지심'이 들어있다. 아래 예시 「장미꽃 접시」에서도 '연민'이 드러난다.

　　접시를 닦으며 행복했던 여자가 있었다
　　꽃잎을 부드럽게 쓰다듬던 그 젖은 손을
　　한 번도 본 적은 없지만
　　이 빠진 접시가 활짝 웃고 있는 것을 보면
　　여자의 표정을 알 수 있었다

　　그 자리에서 또 다른 여자가 같은 접시를 닦는다

　　제기(祭器)보다는 장미꽃 접시가 더 어울리는 여자를 위해
　　실금 간 접시가 제사상 맨 앞줄을 장식한다

쉰 넘은 며느리 매년 접시를 닦는 날
주방에 울긋불긋 꽃이 핀다

써보지도 못하고 차곡차곡 쟁여둔
애지중지 아끼던 꽃 접시

불혹에 금이 간 시어머니를 다시 이어 붙이지 못했다
　　　　　　　　　　　—「장미꽃 접시」 전문

　여자에게 주어진 작은 행복 중 하나는 그릇을 장만하고 바라보는 일이다. 그것이 아름다운 꽃 접시라면 행복은 배가 된다. 닦고 어루만지던 고인의 손길이 고스란히 접시에 남아있다. 생전에 어머니가 느꼈을 행복이 접시 속에 활짝 피어있다. 한 번도 뵙지 못한 시어머니를 며느리는 접시를 닦으며 만나고 있다. 우리의 문화는 이 빠진 그릇을 금기시하는데도 전혀 개의치 않는다. 시인은 올케가 그릇을 닦는 모습을 바라보며 어머니의 호흡을 느낀다. 애지중지 아끼던 접시는 마흔에 금이 간 어머니처럼 이가 빠졌다. 제기(祭器)보다는 장미꽃 접시가 더 어울리는 나이에 고인은 곁을 떠난 것이다. 어머니를 일찍 잃은 시인이 접시를 닦는 올케의 모습을 바라보며 느낀 작은 행복, 이가 빠진 접시는 접시 '그 이상의 가치'가 있는 것이다. 작은 일에 만족하고 행복을 찾는 그 마음이 맑은 시를 쓸 수 있는 에너지가 아닐까. 따뜻하고 애틋한 「장미꽃 접시」 또한 비장미(悲壯美)를 불러일으키는 쓸쓸한 울림이 있다. 지나치게 큰 목소리와 과장된 포즈와 엽기적인 기형의 시들이 감히 흉내조차 내지 못할 감동이 이렇게 잔잔하게 스미는 것이다.

 이제는 바라봐도 가슴이 뛰지 않는 나이
 무덤덤해진 남자는 자신의 놀이에 빠져있다
 혼자만의 세계에 갇혀 아내는 늘 안중에도 없다
 부드러운 손끝으로 찔러도
 이제는 설렘도 없다

 어느 날 남자 앞을
 "행인 1입니다" 하며 지나가자
 한번 쳐다보고 시선을 거두어간다
 다시 돌아서며
 "행인 2입니다"
 TV에 빠져 쳐다보지도 않고 피식 웃는다.
 작은 공간 서로 뚫어져라 바라보는 TV에게 내 자리

를 내주었다
　그들과 나는 삼각관계를 유지하고 있다
　우리가 아닌 너와 내가 되어

"사랑했던 사람 있습니까
지금 행인이 지나가고 있습니다"
　　　　　　　　　　　　―「행인 1, 행인 2」 전문

　주연도 조연도 아닌 엑스트라는 행인 1, 행인 2, 행인 3으로 취급된다. 잠깐 스쳐가는 수많은 엑스트라들, 그들이 있기에 주연은 빛나고 작품은 완성된다. 결혼의 주인공이었던 남자와 여자, 시간이 흐르면 열정도 사랑도 식어 무덤덤해진다. 부드러운 터치에도 반응이 없는 무감각, 예전의 그 설렘은 어디로 갔을까. 이제 아내의 자리를 TV가 차지했다. 두 사람의 사이에 TV가 끼어들어 삼각관계를 이루었다. 스쳐가는 행인처럼 아내를 바라보는 무심한 남편, 아내는 남편의 시선을 끌기 위해 행인을 자처하고 대사를 외우듯 중얼거린다. "사랑했던 사람 있습니까/지금 행인이 지나가고 있습니다" 남편의 애정을 확인하고 싶은 여자의 심리를 재치있게 표현하고 있다. 행복이란 이런 것이 아닐까. 이런 아내를 어찌 사랑하지 않으랴. 사랑은 서로 노력하는 것이다. 시들어가는 불씨를 지키지 못하면 두 사람의 관계는 점점 멀어진다. 서로에게 '곁'이 되려면 손이 닿는 거리에 있어야 한다. 마음 밖으로 나가면 '님'은 남'이 되는 것이다. 「행인 1, 행인 2」는 '마음의 거리'를 좁히려는 일방적인 아내의 제스처가 쓸쓸해 보이지는 않는다. 그것을 다 받아 감싸 안는 남편이 곁에 있기 때문이다. 생활의 체험적 진실이 담긴 손때 묻은 '부부의 정'이 돋보이는 작품이다.

　　나는 가로수
　　나는 거리의 파수꾼
　　나는 거리의 전달자
　　나는 거리의 환경미화원
　　나는 거리의 낙서판
　　나는 거리의 중매쟁이
　　나는 거리의 삐에로
　　나는 거리의
　　나는 거리
　　나는 거
　　나는
　　나

티라나거리 스테이플러 심으로 도배한 나무가 서 있다
　　수많은 사람이 다녀가고 그때마다 전단지가 온몸에
붙었다 떨어졌다
　　그들의 흔적이 몸통에 고스란히 박혀있다
　　그들은 고문자였다

　　　　　　　　　　　　　　　　―「스테이플러」 전문

　철사 침(針)으로 서류를 철하듯 나무에게 들이민 이기심을 시인은 알바니아 수도 티라나거리에서 만났다. 생명을 가진 나무를 인간이 만든 거대한 구조물의 한 부분이라고 믿었던 것일까. 나무는 게시판이었다. 광고와 낙서로 얼룩진 상처들, 나무에게 가해를 하고 고통을 외면한 획일적인 인간의 인식코드로 나무는 만신창이다. 생활에 유용한 도구가 무기가 되었다. 시인은 날카로운 침이 박힌 나무를 통해 인간의 잔혹함을 고발한다. 점점 대범하고 잔인해져가는 범죄는 이제 위험수위를 넘었다. 타인의 고통을 보고도 외면하고 침묵하는 암묵적 동의는 우리 모두 공범임을 부인할 수가 없다. 방치하는 대다수에게 행동하는 소수는 무력하지만 나무를 위해 누군가 행동으로 옮겼다면 결과는 달라졌을 것이다. 그 누구도 무언가를 하지 않았기에 나무는 서서히 죽어가고 있다. 낯선 거리에서 고통받는 한 그루의 나무를 보고 느낀 분노는 인간의 본성이다. 타고난 기본 본성마저 실종해버린 이 시대에 시인은 격분하는 것이다. 나무는 단순히 나무가 아닌 힘이 없는 약자의 모습이다. 대낮에 폭행을 당해도 몸을 사리며 지나치는 비열한 우리의 모습을 시인은 거리에서 목격한 것이다. 그가 일상에서 만난 사유의 편린들은 낮고 소외된 것들에게서 추출되었다.

  유성임 시인의 시는 허황되지 않고 거만하지도 않다. 그러면서도 당당하다. '백화제방'의 시대 갖가지 실험적인 시가 난무하지만 어지러운 시류에 흔들리지 않고 꾸준히 자신의 목소리를 유지하고 있다. 그녀의 이국적이고 맑은 눈빛만큼, 작품에 흐르는 시의 피는 정결하고 따뜻하다. 단연 '쓸쓸함의 힘'이다. 사소함에서 특별함을 발견해내는 시답게 그의 시는 '시의 냄새'가 난다.

만 개의 골목

2015년 11월 13일 초판 1쇄 찍음
2015년 11월 18일 초판 1쇄 펴냄

지은이 _ 유성임
펴낸이 _ 양문규
펴낸곳 _ 詩와에세이

신고번호 _ 제319-2005-000014호
주　　소 _ (03748)서울시 서대문구 북아현로 16길 7, 2층
대표전화 _ (02)324-7653, 070-8877-7653
팩시밀리 _ 0505-116-7653
휴대전화 _ 010-5355-7565
전자우편 _ sie2005@naver.com
공 급 처 _ 한국출판협동조합
주문전화 _ (02)716-5616
팩시밀리 _ (031)944-8234~6

ⓒ유성임, 2015
ISBN 979-11-86111-14-7 (03810)

* 지은이와 협의하여 인지는 생략합니다.
* 이 책 내용의 전부 또는 일부를 재사용하려면 반드시 지은이와
  詩와에세이 양측의 동의를 받아야 합니다.
* 책값은 뒤표지에 표시되어 있습니다.